小跳豆 Jumping Bean 幼兒生活安全故事系列

我小心玩水

U0114884

新雅文化事業有限公司
www.sunya.com.hk

小跳豆
幼兒生活安全故事系列

跟着跳跳豆和糖糖豆一起注意安全守則！

　　幼兒在成長的過程中，喜歡到處探索，喜歡用眼睛看世界。他們必會對各種事物都充滿好奇，但同時毫無防備，往往做出一些危險的行為，例如爬窗、玩火、在馬路上亂跑、玩自動門等。為避免幼兒發生意外和受傷，家長可以結合幼兒的生活進行安全教育，提高孩子的自我保護意識和能力。

　　《小跳豆幼兒生活安全故事系列》共 6 冊，透過跳跳豆和糖糖豆的日常生活經歷，指導幼兒要注意安全，**不要爬窗、不亂放玩具、不亂進廚房、小心玩水、小心過馬路和不要玩自動門**等等。

　　書後設有「**親子小遊戲**」，以有趣的形式幫助孩子認識各種安全守則。「**安全評分區**」讓孩子給自己的日常表現評評分，鼓勵他們自我檢測一下自己的安全意識和能力。

新雅・點讀樂園 升級功能

讓親子閱讀更有趣！

　　本系列屬「新雅點讀樂園」產品之一，若配備新雅點讀筆，爸媽和孩子可以使用全書的點讀和錄音功能，聆聽粵語朗讀故事、粵語講故事和普通話朗讀故事，亦能點選圖中的角色，聆聽對白，生動地演繹出每個故事，讓孩子隨着聲音，進入豐富多彩的故事世界，而且更可錄下爸媽和孩子的聲音來説故事，增添親子閱讀的趣味！

　　「新雅點讀樂園」產品包括語文學習類、親子故事和知識類等圖書，種類豐富，旨在透過聲音和互動功能帶動孩子學習，提升他們的學習動機與趣味！

想了解更多新雅的點讀產品，請瀏覽新雅網頁(www.sunya.com.hk)或掃描右邊的QR code進入 新雅・點讀樂園 。

如何使用新雅點讀筆閱讀故事？

1. 下載本故事系列的點讀筆檔案

1️⃣ 瀏覽新雅網頁(www.sunya.com.hk) 或掃描右邊的QR code 進入  新雅‧點讀樂園 。

2️⃣ 點選 下載點讀筆檔案 ▶ 。

3️⃣ 依照下載區的步驟說明，點選及下載《小跳豆幼兒生活安全故事系列》的點讀筆檔案至電腦，並複製至新雅點讀筆的「BOOKS」資料夾內。

2. 啟動點讀功能

開啟點讀筆後，請點選封面右上角的 新雅‧點讀樂園 圖示，然後便可翻開書本，點選書本上的故事文字或圖畫，點讀筆便會播放相應的內容。

3. 選擇語言

如想切換播放語言，請點選內頁右上角的 粵 ☆ 普 圖示，當再次點選內頁時，點讀筆便會使用所選的語言播放點選的內容。

4.播放整個故事

如想播放整個故事，請直接點選以下圖示：

選擇語言
- 粵 粵語 朗讀故事
- ★ 粵語 講故事
- 普 普通話 朗讀故事

播放整個故事
- ▶ 播放
- ▶❚❚ 暫停
- ■ 停止

5.製作獨一無二的點讀故事書

爸媽和孩子可以各自點選以下圖示，錄下自己的聲音來說故事！

1. 先點選圖示上 爸媽錄音 或 孩子錄音 的位置，再點 OK，便可錄音。

2. 完成錄音後，請再次點選 OK，停止錄音。

3. 最後點選 ▶ 的位置，便可播放錄音了！

4. 如想再次錄音，請重複以上步驟。注意每次只保留最後一次的錄音。

爸媽請使用
這個圖示錄音

OK
爸媽錄音
▶

OK
孩子錄音
▶

孩子請使用
這個圖示錄音

跳跳豆走進浴室，
想在浴缸裏玩小船。

媽媽說：

「在浴缸裏玩，容易發生意外！」

跳跳豆聽見了，有點失望。

媽媽笑着說：

「在洗臉盆放滿水，

不是也可以玩小船嗎？」

「媽媽真好！」

跳跳豆高興地說。

跳跳豆不只愛玩小船，
也愛玩水。
每當洗澡的時候，
他泡在水裏，
就開心得不得了。

身體已經洗得很乾淨了，
但跳跳豆還是不肯起來。
爸爸看見了，
便說：「這個星期天，
我們到海灘去玩，好嗎？」
跳跳豆馬上點點頭。

星期天的大清早，
爸爸、媽媽、跳跳豆和糖糖豆，
來到熱鬧的海灘。

跳跳豆一見到海水，便嚷道：
「爸爸，我要去玩水。」
跳跳豆還沒有學會游泳，
爸爸替他穿上游泳圈才讓他下水。

爸爸陪伴着跳跳豆，
在水裏游了一會兒。
忽然，跳跳豆想起他的小船，
於是對爸爸説：
「我想拿小船到海裏玩，
可以嗎？」

爸爸説：「海上有浪，
海浪會把你和小船沖走的。
我們用沙堆成一個水池，
在水池裏玩小船吧！」

水池做好後，
爸爸對跳跳豆説：
「你在這裏玩，
我和媽媽在旁邊曬太陽。
記着，不要獨自跑開啊！」
「知道了！」跳跳豆答道。

這時，跳跳豆聽見了一把聲音，問：

「跳跳豆，可以把你的小船借給我玩嗎？」

跳跳豆回頭一看，原來是皮皮豆！

皮皮豆正在好奇地看着跳跳豆的小船。

跳跳豆說：

「可以，但是記得還給我呀！」

然後就把一隻小船交給皮皮豆。

過了一會兒，
跳跳豆聽見一陣嘈雜的聲音。
原來，有一個小朋友在海邊玩小船，
給海浪打個正着。
幸好，被泳客們救回岸上去。

27

跳跳豆和爸爸跑過去，
看見救生員正忙着搶救皮皮豆！
幸好，最後皮皮豆沒事了。
跳跳豆說：「爸爸說得真對，
我們在玩水的時候要注意安全啊！」

小朋友，在下面哪些地方不能玩水？說說看。

A.

B.

C.

D.

E.

安全評分區

小朋友，以下這些都是你應該掌握的生活安全小常識啊！
你做得到的話，請你把 ♡ 填上顏色。然後跟爸爸媽媽說
一說，你獲得多少個 ♡。

不獨自在湖邊或河邊玩水。

洗澡時要先放冷水，再放熱水。

游泳前要做好熱身運動。

不獨自在浴缸裏玩水。

小跳豆幼兒生活安全故事系列
我小心玩水

原著：秋千

改編：新雅編輯室

繪圖：何宙樺

責任編輯：劉紀均

美術設計：鄭雅玲

出版：新雅文化事業有限公司

香港英皇道499號北角工業大廈18樓

電話：(852) 2138 7998

傳真：(852) 2597 4003

網址：http://www.sunya.com.hk

電郵：marketing@sunya.com.hk

發行：香港聯合書刊物流有限公司

香港荃灣德士古道220-248號荃灣工業中心16樓

電話：(852) 2150 2100

傳真：(852) 2407 3062

電郵：info@suplogistics.com.hk

印刷：中華商務彩色印刷有限公司

香港新界大埔汀麗路36號

版次：二〇二一年七月初版

二〇二三年一月第三次印刷